Punkt w sercu

Źródło rozkoszy dla mojej duszy

Dr Michael Laitman

LAITMAN
KABBALAH
PUBLISHERS

Michael Laitman © 2024

Laitman Kabbalah Publishers

Akademia Kabały Bnei Baruch
polska@kabbalah.academy
www.kabbalah.info/pl

Przekład: Daniel Kiewro

ISBN 9798873176632

SPIS TREŚCI

Przedmowa

Żyjemy w wyjątkowych czasach. Ludzie na całym świecie są niezadowoleni ze swojego życia; czują, iż życie powinno im zaoferować o wiele więcej i bardzo tego chcą.

Tęsknota ta jest przebudzeniem „punktu w sercu". Wszyscy go posiadamy, a obecnie zaczyna się on aktywizować u milionów ludzi na świecie.

* * *

Każda część tej książki jest wyjątkowa i inspirująca, delikatnie i w szczery sposób dotyka najgłębszych pytań, które mają odniesienie do nas wszystkich.

Na stronach tej książki znajdziecie również ciekawostki z mądrości zawartej *w Księdze Zohar* (podstawowa księga dla całej Kabały), a także w innych pismach kabalistycznych. Ta książka nie ma na celu nauczania Kabały, ale raczej wprowadza w wybrane idee z jej nauk. Za chwilę wyruszysz, czytelniku, w podróż, która obejmie głębię serca oraz wysokość myśli.

Wydawca

Mądrość Kabały

jest nauką zaawansowaną.

Jest to nauka emocji,

nauka przyjemności.

Zapraszamy do jej otwarcia i posmakowania.

Punkt w sercu

Pojawienie się w nas „punktu w sercu"
zapowiada początek wyjątkowej przygody,
podróży do wspaniałego świata.

Sukces przekraczający granice marzeń

Wyobraź sobie przez chwilę, że kiedy budzisz się rano, nagle uświadamiasz sobie, iż znanym ci jest najważniejsze prawo rzeczywistości - prawo, które określa dokładnie wszystko.

Rozumiesz nagle, co należy lub czego nie należy robić, aby uniknąć bólu, przykrości i cierpienia; wszystko jest dla ciebie jasne i budzisz się do życia niczym dziecko, pełne entuzjazmu i bez poczucia strachu i zahamowań. Tak właśnie powinniśmy żyć.

I właściwie, dlaczego nie? Dlaczego nam się to nie udaje? Dlaczego napotykamy na różne przeszkody, doświadczamy ciosów od losu i musimy stawić czoła licznym problemom? Dlaczego musimy tkwić w ciemności?

Jeśli odkryjemy to najważniejsze prawo rzeczywistości, nie będziemy doświadczali problemów; będziemy wiedzieli dokładnie, w jaki sposób prowadzić nasze życie oraz jak osiągnąć sukces, wykraczający poza nasze najśmielsze marzenia.

Wyższe prawo

Mądrość Kabały jest nauką, która ujawnia wyższe przewodnictwo, które kryje się za całym stworzeniem.

Cała rzeczywistość jest kierowana za pomocą jednego globalnego prawa, zwanego „prawem Natury" lub „prawem Stwórcy". Prawo to jest prawem wszechogarniającej miłości, harmonii i życzliwości. Kabała daje nam możliwość odkrycia tego prawa i odpowiedniego pokierowania naszym życiem.

Tak, jak ważnym jest, aby znać podstawowe prawa fizyki, chemii i biologii w celu prowadzenia normalnego życia, istotnym jest, aby znać mądrość Kabały. Urzeczywistnienie globalnego prawa stworzenia i życie według niego zaoszczędzi nam cierpień, wojen oraz klęsk żywiołowych, doprowadzając nas do stanu równowagi i harmonii.

Ogólne prawo Natury - Stwórca – miłość i obdarzanie

„Człowiek jest zniewolony

we wszystkich swoich działaniach,

spętany żelaznymi łańcuchami

przez poglądy i zachowania tych,

którzy stanowią społeczeństwo".

Jest to kwestia, którą w swoim eseju pt. „Wolność" wyjaśnia wielki kabalista, Raw Jehuda Aszlag znany jako Baal HaSulam

Ten maraton dobiegł końca

Może nam się wydawać, iż posiadamy wszystko, ale to wszystko już nas nie satysfakcjonuje.

Ciągle uczestniczymy w grze i gonimy ku przelotnym celom, które wyobrażamy sobie jako przyjemności, takie jak pieniądze, zaszczyty i władza. W końcu co, oprócz tego, jest do zrobienia w obecnym życiu?

Patrzymy na siebie wzajemnie i bezmyślnie podążamy za aktualną modą. Mówimy sobie: „Jeśli będę zachowywać się jak wszyscy inni, wtedy będę czuć się dobrze". Następnie wybieramy jakiś niejasny, lecz przyjemny cel i dążymy do niego, mając nadzieję na ucieczkę od wewnętrznej pustki.

Musimy być stale czymś zaabsorbowani, gdyż w innym przypadku dopadną nas odwieczne pytania: „Po co żyję? Co się dzieje z moim życiem?"

Jednak prędzej czy później punkt w naszych sercach obudzi się i nie będziemy już w stanie skupiać się na sprawach przyziemnych.

Nagle zrozumiemy, że pogoń ta została celowo zaplanowana, aby odwrócić nasz umysł od tego, co najważniejsze.

Tak długo, jak mieliśmy oczy zamknięte, aby nie dostrzegać prawdy, mogliśmy podążać wraz z całym tłumem.

Ale wyczerpaliśmy już naszą siłę. Podczas gdy wszyscy inni nadal biegną, my odpadliśmy z wyścigu. Po prostu nie jest on już dla nas atrakcyjny, a tak naprawdę uważamy go wręcz za bezcelowy.

Nasze pragnienie pogłębiło się tak bardzo, iż nie pozwala nam zadowolić się przyziemnymi celami. Właśnie wtedy rozpoczynamy nasze poszukiwania wyższego celu.

„Światło Klipot" (skorupy)

ujawnia się wtedy, kiedy wydaje się nam,

że gdybyśmy mieli milion dolarów,

bylibyśmy szczęśliwi.

Nić wiodąca do miłości

Raz lub kilka razy w życiu
w każdym z nas
budzi się punkt w sercu.

Czasami odczuwamy go
jako pustkę,
a czasami czujemy się
nieszczęśliwi bez wyraźnego powodu.

Innym razem jest on
z pozornie przyziemnych
powodów nawet nieobcy.
Myślisz: „To minie;
burza ucichnie
i wszystko będzie dobrze”.

Możesz nie zdawać sobie z tego sprawy,
ale tak właśnie budzi się
w tobie punkt w sercu.
Taki jest początek duszy,
pierwszy krok w kierunku
odkrywania miłości.

Paczka dla Ciebie

Gdy budzi się w nas pewna myśl na temat sensu życia, jest to znak, że Stwórca zaprasza nas do kontaktu z Nim, do rozmowy.

To tak, jakby kurier zapukał do naszych drzwi, mówiąc: „Paczka dla Ciebie!" - w taki właśnie sposób dociera do nas Jego zaproszenie.

Musimy otworzyć drzwi, przyjąć paczkę, otworzyć ją, a na podstawie jej zawartości rozpoznać nadawcę i wiedzieć, jak na nią odpowiedzieć.

Słyszymy pukanie do drzwi, lecz zwlekamy, siedząc na kanapie, zbyt leniwi, aby wstać. Krzyczymy do kuriera: „Proszę zostawić to przy drzwiach. Zabiorę później".

Taka postawa powoduje, iż nasze przebudzenie ulega rozproszeniu, i kto wie, kiedy następnym razem poczujemy pukanie do drzwi naszego serca?

Kiedy otrzymamy zaproszenie, powinniśmy niezwłocznie odpowiedzieć na nie i zrobić, co się da, aby dowiedzieć się, co znajduje się w paczce, odnaleźć adres nadawcy i zapukać do Jego drzwi.

Ujawnianie Stwórcy –

odkrywanie świata duchowego w nas

Tu i teraz

Nie można pociągiem pojechać do świata duchowego;
nie można tam polecieć, jako że znajduje się on *w nas*.

Musimy jedynie wywołać w nas duchowe odczucie,
wyostrzyć nasze zmysły,
i otworzyć szeroko naszą percepcję
na to, co dzieje się tutaj.

Wtedy znajdziemy się pośrodku niekończącej się,
cudownej przygody,
która zaprze nam dech w piersiach.
I od tej pory nigdy nie przestanie dla nas rozkwitać.

Przycisk

Obecnie oglądamy obraz tego świata w taki sam sposób, jakbyśmy wszyscy wciąż oglądali ten sam kanał telewizyjny.

Przyzwyczailiśmy się do niego tak bardzo, iż nie możemy sobie nawet wyobrazić, że istnieje jeszcze jakiś inny kanał.

Pewnego dnia robi się to już trochę nudne. Punkt w sercu obudził się w nas, a pragnienie, aby zmienić kanał, dojrzewa w nas od środka. Wcześniej nawet nie wyobrażaliśmy sobie, iż jest to możliwe.

Stopniowo zaczynamy zdawać sobie sprawę, że możemy zmienić kanał, ale tylko wtedy, gdy naprawdę tego chcemy. Nasze pragnienie jest niczym przycisk, dzięki któremu możemy zmienić kanał.

Jak tylko będziemy gotowi, inny kanał włączy się dla nas automatycznie. Nie jest tak, że wtedy poprzedni kanał zniknie, ale wtedy zostanie dodany ten kolejny; będziemy mogli oglądać pierwszy kanał i mieć świadomość istnienia drugiego w tle.

W ten sposób oba światy scalą się w nas, tworząc jedną, pełną harmonię.

Ego i miłość

Ludzkie ego

Kiedy patrzę na innych,
moje ego wzbudza zazdrość i nienawiść
oraz pragnienie kontrolowania.

Nie życzę innym dobrze
lub przynajmniej, aby nie mieli lepiej ode mnie.
Chcę, aby im odrobinę się powiodło,
aby osiągnęli względny sukces.

**Jednak pragnę, aby wszyscy zobaczyli, iż to
ja odniosłem największy sukces.**

Czas się wyzwolić

Nasza natura, dzięki której odczuwamy świat i siebie, żyjących w nim, to program, który kreuje dla nas pewną rzeczywistość.

Nazywa się on „Ego" - pragnienie otrzymywania i czerpania przyjemności przez samego siebie i dla samego siebie, nawet kiedy jest to kosztem innych ludzi.

To oprogramowanie zamyka nas od środka, zanurza nas w sobie, przyciąga całą naszą uwagę i zmusza nas do skupienia się wyłącznie na sobie.

Działamy zgodnie z tym programem i nawet nie jesteśmy w stanie wyobrazić sobie istnienia innej rzeczywistości.

Ego - natura ludzka – pragnienie otrzymywania

Kontrasty

Nie wolno nam niszczyć w nas niczego.
Nawet najbardziej negatywne cechy powinny pozostać.
Nie tworzymy niczego nowego,
ale naprawiamy jedynie sposób, w jaki wykorzystujemy to,
co w nas już istnieje.

Pytanie: Dlaczego zostaliśmy stworzeni z naszym ego, jeśli ostatecznie musimy je naprawić?

Poznajemy świat, porównując ze sobą przeciwieństwa - gorące w porównaniu z zimnym, czarne w porównaniu z białym. Rozpoznajemy jedno w odniesieniu do drugiego. Jeśli wszystko byłoby białe, niczego byśmy nie dostrzegli. Podobnie, jeśli wszystko byłoby czarne, też byśmy niczego nie zobaczyli.

Kontrast jest zawsze konieczny - rozbieżność pomiędzy kolorami, doznaniami i miejscami. Odczuwamy różnice pomiędzy rzeczami, ale nie każdą rzecz oddzielnie.

Stwórca jest miłością i obdarzaniem. Jednakże nie będziemy w stanie odczuć, czym jest obdarzenie, jeśli nie będziemy w kontraście do niego. Właśnie dlatego potrzebujemy ego - „pomocy uczynionej przeciwko niemu". Bycie przeciwieństwem do Stwórcy pomaga nam poznać i odczuć Stwórcę.

Stwórca - pragnienie miłości i obdarzania.

Stworzenie – pragnienie otrzymywania.

Ponieważ obecnie jesteśmy w stanie

przeciwnym do Stwórcy,

ukrywamy Go przed sobą.

Naprawa – w miarę, jak nabywamy

cech miłości i obdarzania,

zrównujemy się ze Stwórcą

i zaczynamy Go odczuwać.

Pojawienie się w rzeczywistości miłości

Miłość
oznacza traktowanie bliźniego jak siebie samego.
Znasz pragnienia bliźniego.
Odczuwasz je jako własne pragnienia
i robisz wszystko, co możesz, aby je zaspokoić.

Pytanie: Ludzie wokół mnie jedynie chcą mnie ranić! Co zrobić, kiedy jeden próbuje kochać, a drugi nie?

Wzajemna miłość, do której dążymy, jest niemożliwa w ego . „Kocham" drugiego człowieka, ponieważ jest dobry dla mnie, ale w rzeczywistości chcę tylko go wykorzystywać.

Miłość w granicach ego jest jak przepadanie za rybą - uwielbiam ryby, ponieważ lubię je jeść. Na tej samej zasadzie, pod warunkiem, że cieszę się kimś, lubię być z nim, to „kocham" go. Ale w chwili, kiedy przestaję lubić z kimś być, wtedy natychmiast odpycham tę osobę.

Ale istnieje też inna miłość, taka, której wciąż nie poznaliśmy. Istnieje ona powyżej naszych egoistycznych kalkulacji, ponad naszą naturą. Kiedy obraz nas samych, stanowiących część pojedynczego, globalnego oraz współzależnego systemu, objawia się nam, wtedy możemy poddać się jego władzy, co powoduje, iż prawdziwa miłość do innych budzi się w nas.

A poza tą miłością istnieje jeszcze kolejna, wyższa miłość. Poza wzajemną zależnością, właściwość samej miłości zbliża nas ku niej, jako że zdajemy sobie sprawę, iż miłość i obdarzanie to najbardziej wzniosłe rzeczy w całej rzeczywistości. Miłość pozwala nam przekroczyć nasze zwykłe postrzeganie i zacząć odczuwać inną rzeczywistość.

Kiedy nasze naturalne dążenie do wchłonięcia wszystkiego w nasze wnętrze zmienia się w dążenie do miłości i obdarzania, niewielka i ograniczona rzeczywistość, którą aktualnie odczuwamy, ustępuje miejsca, a pojawia się nam rzeczywistość zupełna - duchowa rzeczywistość.

Ten, kto zaczyna odczuwać duchową rzeczywistość, zdaje sobie sprawę, iż ludzie źle się traktują nawzajem, ponieważ są naturalnie kontrolowani przez własne ego, a nie dlatego, że są źli. Człowiek odkrywa, że zostali oni celowo stworzeni w taki sposób, aby w końcu mogli osiągnąć niezależną świadomość próżności ego. Tylko wtedy człowiek wyłoni się z niego w wymiarze rzeczywistości miłości.

Sieć społeczna na poziomie duchowym

Pytanie: Wydaje mi się, że ludzie wolą komunikować się za pomocą maili oraz SMS-ów zamiast twarzą w twarz. Dlaczego tak jest?

Obecnie ego ewoluowało do takiego stopnia, że wolimy bardziej wirtualne relacje z innymi ludźmi.

Nie chodzi o to, że nie chcemy kontaktu z innymi. Jednak czujemy się lepiej, bardziej komfortowo, doskonalej, gdy łączymy się z innymi za pośrednictwem wiadomości tekstowych czy też ekranu komputera, lub czegoś podobnego.

Dlaczego? Ponieważ w ten sposób nie dotykamy ciał innych ludzi, ich form zewnętrznych.

Aby zrozumieć, dlaczego tak się dzieje, musimy poznać źródło tego zjawiska. Pragnienie otrzymania w nas ewoluowało i chce obecnie przekroczyć poziom zwierzęcy naszych ciał. Poziom zwierzęcy już nie może dać nam nic więcej; nie zapewnia nam kontaktu z innymi ludźmi. Jednakże my naprawdę szukamy głębszego kontaktu z innymi, więc na razie zwracamy się ku wirtualnym relacjom.

Na następnym etapie naszego rozwoju wirtualne relacje już nas nie zadowolą i będziemy chcieli jeszcze głębszego połączenia. Podczas wirtualnego połączenia odczujemy potrzebę wewnętrznego, duchowego połączenia z innymi.

Im bardziej jesteśmy rozdzieleni na poziomie fizycznym, tym bardziej odczuwamy potrzebę połączenia. Wyjaśnia to rewolucję internetową i powód, dla którego każdy jest nią zainteresowany.

Skąd bierze się to przyciąganie, które czasami zamienia się w prawdziwą obsesję? Pochodzi ono z naszego pragnienia, aby zaspokoić naszą potrzebę połączenia się z innymi. Mimo iż portale społecznościowe oraz fora internetowe są wypełnione bzdurami i z pewnością nie ma prawdziwego spełnienia w tych relacjach, niemniej jednak jest to jakiś rodzaj połączenia, które nas uzależnia.

Stwórca –
przyjdź i zobacz

Nie ma nikogo oprócz Niego

*Stwórca stworzył jedną duszę
i podzielił ją na liczne cząsteczki,
aby mogły się nauczyć,
co to znaczy kochać,
a wszystkie razem osiągną Go.*

*Jako dzieci wszyscy zadajemy pytania,
które odnoszą się do sensu życia,
do połączenia ze Stwórcą.
Są to najbardziej naturalne pytania,
jakie sobie zadajemy.
Ale potem tłamsimy je w sobie
i żyjemy niczym roboty.*

Wyobraź sobie siebie jako noworodka,
twoje pierwsze odczucie tego,
że ktoś dba o ciebie.

Poczucie, że istnieje ktoś ogromny,
kto okazuje ciepłe, opiekuńcze i
życzliwe uczucia wobec ciebie.

Nie możesz go jeszcze zrozumieć,
ale wiesz, iż troszczy się o ciebie,
robi wszystko, co jest dla ciebie dobre,
i jesteś całkowicie jemu poddany.

Podobnie ludzie
stopniowo odczują
troskliwy i opiekuńczy wpływ
Wyższej Siły,
jedynej siły na świecie.

Stwórca – przyjdź i zobacz

Różne religie przedstawiają Stwórcę jako coś istniejącego poza nami. Jednakże Kabała wyjaśnia, iż zabronionym jest wyobrażać sobie Stwórcę w formie jakiegokolwiek obrazu, gdyż Stwórca jest właściwością, która istnieje w każdym z nas.

Stwórca jest właściwością miłości i obdarzania. Tłumaczeniem słowa „Stwórca" (*Bore* w języku hebrajskim) jest „przyjdź i zobacz" (*Bo u Re'e*), co oznacza: przyjdź i odkryj tę właściwość w sobie.

Nie istnieje żaden zewnętrzny, obcy czynnik, dla którego pracujemy! Pracujemy nad naprawą samych siebie w celu osiągnięcia właściwości miłości i obdarzania, w celu osiągnięcia Stwórcy.

Mniej więcej dwa tysiące lat temu utraciliśmy poczucie Stwórcy -zostaliśmy wygnani i straciliśmy prawdziwy obraz świata. Zaczęliśmy myśleć, że Stwórca to ktoś, kto istnieje w oddzieleniu od nas, a nie właściwość, która w nas się pojawiła.

Zamiast postrzegać Stwórcę jako podstawową i najważniejszą właściwość stworzenia, która odziewa się w nas, zaczęliśmy myśleć o Nim jako o odrębnym i obcym bycie.

Skoncentruj się na Stwórcy

Mądrość Kabały uczy człowieka,
jak zwrócić się ku swemu wnętrzu
i odnaleźć Stwórcę.

Jest to tak, jak szukanie ostrości
przez obiektyw aparatu fotograficznego,
obracając w prawo i lewo,
stopniowo wyostrzając obraz,
aż nagle - *voilà!*
Widzimy bardzo wyraźnie.

Odzyskanie świadomości

Pytanie: Dlaczego Stwórca nie jest zadowolony, kiedy człowiek cieszy się doczesnym życiem i jest nim usatysfakcjonowany?

Nie czyni to Stwórcę zadowolonym, gdyż nie taką przyjemność zamierzał nam ofiarować. Początkowo stworzył On stan, w którym byliśmy wypełnieni Światłem, ale teraz już go nie odczuwamy.

Istniejemy w nieskończonym, wiecznym świecie, ale jest on przed nami ukryty. Jesteśmy jak nieprzytomny człowiek, który znajduje się na tym świecie, ale jego zmysły nie postrzegają nic z jego otoczenia.

Stwórca nie może po prostu zostawić nas w stanie nieprzytomności z zaledwie małą iskrą Światła, jaka została nam dana po to tylko, aby jakoś utrzymać nas przy życiu.

Nie jesteśmy tego świadomi i dlatego jesteśmy gotowi ograniczyć się do przyjemności, jakich doświadczamy obecnie. Niemniej oczywistym jest, że plan Stwórcy – aby doprowadzić nas do znacznie większej przyjemności - nie może pozostać niezrealizowany.

Pole miłości

Stwórca jest duchowym polem miłości i obdarzania.

Poruszamy się w nim za pomocą zmiany naszych pragnień, nieustannie będąc w punkcie podobieństwa do tego pola.

Początkowo jesteśmy przeciwstawni do tego pola; jesteśmy na najbardziej zewnętrznym jego okręgu, który nosi nazwę „Ten świat".

Proporcjonalnie do naszego poziomu pragnienia zbliżenia się do centrum, do właściwości Stwórcy, jaką jest miłość i obdarzanie, wywołujemy wpływ tego pola na nas, a to przyczynia się do zmiany naszej pozycji.

W związku z tym oczywistym jest, że nie możemy prosić Stwórcę, aby zmienił swój stosunek do nas, czy też mieć nadzieję na szczególne łaski z Jego strony. Jest to tak bezsensowne, jak proszenie siły grawitacji, aby nie wpływała na nasz organizm.

Stwórca jest siłą, która nie zważa na nasze słowa, lecz bierze pod uwagę tylko nasze najskrytsze pragnienia.

Mądrość Kabały uczy praw świata duchowego; jest to fizyka świata duchowego.

Punkt i Światło

„Powyżej" w Naturze istnieje siła,
która reaguje tylko na jedną prośbę:
aby stać się tym, który kocha i obdarza.

Pytanie: Czy możliwym jest wskazać na wewnętrzny kompas, który pomaga nam w rozwoju duchowym?

Aby przygotować nas do rozwoju duchowego, Natura budzi w nas dwa doznania. Pierwsze z nich to odczucie, że ten świat jest pusty, a drugim jest pragnienie osiągnięcia korzenia życia – przebudzenie punktu w sercu.

Ponieważ nasz świat jest polem duchowym, podobnie jak pole magnetyczne, punkt ten doprowadzi nas do miejsca, gdzie będziemy mogli go karmić, napełniać go.

Powinniśmy dokonywać postępów na naszej duchowej drodze tylko z tego punktu. Nie powinniśmy ani wierzyć komukolwiek, ani pozostawać pod wpływem jakichkolwiek „słów mądrości", które możemy usłyszeć. Powinniśmy raczej sprawdzić wszystko samodzielnie; tak właśnie wytyczamy naszą drogę.

Analiza ta jest inicjowana przez nasze pragnienie poznania prawdy. Nie możemy zgodzić się na to, aby ktoś mówił: „Najpierw trzeba zrobić... a potem... istnieją warunki..." - nie ma żadnych!

Tak jak jesteś nagi pośrodku tego świata, tak właśnie jesteś w stanie dotrzeć do Stwórcy.

Światło wpływa na punkt wewnątrz ciebie i nie istnieje nic innego niż te dwa elementy. Naucz się, jak połączyć swoje pragnienie ze Światłem i podążaj do przodu.

Świat duchowy

Świat pełen ciepła

Kiedy świat duchowy zostaje objawiony,
odkrywamy skarb,
a ściślej mówiąc, „depozyt",
nową warstwę rzeczywistości,
która była na naszym „koncie"
od samego początku.

Są takie chwile, kiedy nagle otacza nas uczucie podniecenia i euforii.

Czujemy, że świat wokół nas jest przesiąknięty pewną siłą, że powietrze wokół nas zrobiło się „gęste", wypełnione nowym bytem, że wszędzie dookoła istnieją myśli i intencje skierowane ku nam, że wszystko przepełnione jest miłością.

Niestety, zdarza się to rzadko. Jednak ważnym jest to, że ostatecznie pewne wyraźne uczucie pozostanie w naszym sercu. Jest to świat duchowy, do takiego stopnia, w jakim jesteśmy go w stanie osiągnąć.

Świat duchowy jest wiecznym królestwem, którego siła jest ogromna. Ten, kto wznosi się nawet tylko na pierwszy, najmniejszy stopień duchowy, doświadcza duchowego odczucia, które jest miliard razy intensywniejsze niż cokolwiek innego, poznanego wcześniej.

Fale duchowe

Naszą wewnętrzną pracą
jest dostrojenie naszego serca i zmysłów tak,
aby móc postrzegać świat duchowy.

Niczym odbiornik radiowy,
wykrywający określone fale,
kiedy delikatnie obracamy pokrętłem.

W ten sposób nastrajamy się,
stając się coraz bardziej wrażliwi
na częstotliwości świata duchowego
poprzez działanie zwane „intencją”.

Do momentu, aż nagle otworzy się nowy wymiar
i pojawi się przed nami świat duchowy.

Intencja jest działaniem

Intencja jest naszym jedynym działaniem; inne działania po prostu nie istnieją. Nie chodzi tylko o nasze mechaniczne poczynania - nawet nasze pragnienia tak naprawdę nie istnieją. Wszystko jest nieruchome, bez życia, stojące nieruchomo, jakby zasadzone w ziemi – wszystko, za wyjątkiem intencji.

W świecie duchowym mogą zakorzenić się jedynie nasze intencje dotyczące miłości i obdarzania.

Kiedy pojawiają się one w nas, wtedy pojawiamy się w świecie duchowym.

Kiedy znikają, wtedy my też znikamy ze świata duchowego.

Jest to podobne do przyspieszenia jako pochodnej ruchu. Jak ustalił Albert Einstein, ruch o stałej, niezmiennej prędkości jest uważany za spoczynek; w związku z tym należy brać pod uwagę jedynie przyspieszenie.

Przyjemności, Światła oraz naczynia

Pytanie: Dlaczego ludzie odczuwają taki pociąg do seksu?

W świecie duchowym dusza znajduje się w stanie „połączenia" ze Światłem. Jest to połączenie obu części stworzenia - części żeńskiej i męskiej – co wywołuje najbardziej intensywne odczucie przyjemności w rzeczywistości: napełnienie duszy Światłem.

Projekcją duchowego połączenia w świecie fizycznym jest połączenie cielesne. Jest to również powód, dla którego seks jest uważany za korzeń wszystkich pragnień w naszym świecie, i dlatego właśnie jesteśmy tak nim zaabsorbowani.

Seksualna przyjemność w naszym świecie ilustruje różnicę pomiędzy przyjemnością cielesną a duchową. Można myśleć o seksie intensywnie i z niecierpliwością oczekiwać wielkiej przyjemności, jednakże w kulminacyjnym momencie cała przyjemność ulega rozproszeniu i prawie natychmiast zanika. A wtedy ten 'wyścig' zaczyna się od nowa, gonitwa w poszukiwaniu następnej przyjemności...

Dlaczego tak jest? Ponieważ Światło niweluje naczynie, co oznacza, że przyjemność, która bezpośrednio zaspokaja pragnienie, neutralizuje uczucie przyjemności, tak jak plus i minus.

Więc co teraz? Obecnie odczuwamy pustkę podwójnie. Dlatego powiedziano nam: „Człowiek nie opuszcza tego świata z połową swoich pragnień w dłoni".

Przyjemność duchowa funkcjonuje inaczej. „Być w duchowości" znaczy posiadać *Masach* („Ekran" z hebrajskiego), zdolność do otrzymywania Światła w naczynie z intencją, aby sprawiać przyjemność Stwórcy, Dawcy Światła.

Aby móc to zrobić, musimy nabyć właściwość miłości i obdarzania Stwórcy.

Co dzięki temu otrzymujemy? Duchowe połączenie, niekończące się powiązanie, które nasila się wraz z upływem czasu, dając nam poczucie życia wiecznego. Właściwie na poziomie naszej podświadomości, z głębi naszej duszy dążymy jedynie do takiego połączenia, jako że jest to cel naszego istnienia.

Dlaczego dla kobiety tak ważne jest być piękną?

Pytanie: Dlaczego kobiety są tak zaabsorbowane swoim wyglądem? Co jest źródłem znaczenia wyglądu kobiety w jej własnych oczach oraz w oczach mężczyzn?

Skłonność kobiet do ozdabiania swoich ciał wywodzi się z bardzo wysokiego korzenia. W duchowości ozdabiać siebie oznacza naprawiać siebie zgodnie z właściwościami Stwórcy, siły miłości i obdarzania.

Skłonność ta jest głęboko zakorzeniona w naszej duszy. Wewnątrz nas istnieje punkt w sercu, który budzi nas do ozdobienia naszej „brzydkiej" egoistycznej natury, aby ją upiększyć.

Być pięknym oznacza być takim jak Stwórca. Człowiek staje się piękny, kiedy Światło Stwórcy jest w nim obecne.

Więc dlaczego kobiety ozdabiają swoje ciała? W naszym świecie kobiety reprezentują *Malchut* („Królestwo" z hebrajskiego), korzeń stworzenia.

Mężczyzna i kobieta czy też pan młody i panna młoda reprezentują związek pomiędzy Stwórcą i stworzeniem – gdzie stworzenie jest kobietą, natomiast Stwórca jest mężczyzną.

Tak więc każdy z nas, zarówno kobieta, jak i mężczyzna, musi nauczyć się ozdabiać własną duszę, przez co można stać się pięknym!

Metoda naprawy

Światło Otaczające

Dzień po dniu coraz bardziej uświadamiamy sobie, że tak długo, jak ego kontynuuje swoje rządy nad nami, koniec świata nieustannie się przybliża, a my musimy wybrać życie i miłość. Jednakże bez otrzymania pomocy nie będziemy w stanie przekroczyć granic naszego ego, ponieważ stanowi ono naturę, z jaką się urodziliśmy. Aby móc to zrobić, potrzebujemy zewnętrznej siły, która nie istnieje w naszym świecie. W tym celu otrzymaliśmy metodę naprawy - Kabałę.

Istnieje szczególna siła w mądrości Kabały - taka, która może stworzyć w nas nową właściwość. Autentyczne źródła kabalistyczne opisują naturę Stwórcy, wyższy świat oraz procesy zachodzące w nim. Kiedy dowiadujemy się z tych źródeł o stanach, które są przeciwieństwem do stanów naszego świata, o działaniach miłości i obdarzania, wtedy ściągamy siłę z nich na siebie.

Ta projekcja wyższych stanów na nasz obecny stan nazywa się „działaniem Światła naprawy" czy też „Światła Otaczającego". Ostatecznie Światło Otaczające sprawia, iż pragniemy właściwości Stwórcy.

Baal HaSulam wyjaśnia to w następujący sposób: „Dzięki duchowej tęsknocie i wielkiemu pragnieniu, aby zrozumieć to, czego się uczą, ludzie budzą na sobie Światła, które otaczają ich dusze... a które to znacznie przybliżają ich do osiągnięcia doskonałości".

(„Wstęp do Nauki dziesięciu Sfirot", pozycja 155)

Prośba o osiągnięcie doskonałości

Pytanie: W jaki sposób można wytłumaczyć w kilku prostych słowach działanie Światła Otaczającego, „Światła, które naprawia"?

Natura, Siła Wyższa, siła miłości i obdarzania istnieje w połączeniu pomiędzy wszystkimi częściami Stworzenia – które On Sam wykreował – a istnieją one w harmonii i całkowicie wzajemnym połączeniu.

Jesteśmy nieszczęśliwi, ponieważ zostaliśmy odłączeni od tego integralnego systemu. Jeśli chcemy osiągnąć szczęście, musimy wrócić do tego systemu, który nosi nazwę „doskonałość".

W jaki sposób możemy powrócić? Kiedy chcemy i dokładamy starań, aby powrócić do systemu, wywołujemy w nim siłę, która wpływa na nas. W ten sposób możemy przebudzić „Światło Otaczające", „Światło, które naprawia"- siłę, która prowadzi nas z powrotem do globalnego systemu.

Siła ta współgra z siłą naszej woli - w zakresie, w jakim budzimy, prosimy, a nawet domagamy się tego od systemu.

Od silnika parowego naszej ewolucji do silnika odrzutowego świata duchowego

Kto może wyjaśnić, w jaki sposób niemowlę wyrasta na dorosłego? Dlaczego dzieci zmieniają się z dnia na dzień? Nauka może opisać to, co rozwija się w materii, ale nie jest w stanie dostrzec przyczyny, która istnieje *poza* materią, a która to powoduje rozwój tej materii.

Opuściłem świat doczesnej nauki wiele lat temu, ponieważ chciałem przede wszystkim wiedzieć – skąd pochodzi siła życia? Gdzie można ją znaleźć? W atomach? W cząsteczkach? W systemach komórkowych? Odkryłem, iż nauka się tym nie zajmuje. Jednak jeśli nie znamy odpowiedzi na najważniejsze pytanie, a nawet nie staramy się tego odkryć, to jaki w ogóle jest sens nauki?

Według nauki Kabały ta sama siła, która wpływa na każdą część stworzenia i ją rozwija, wpływa także na niemowlę. Jest to Światło życia, Wyższa Siła, która działa w stworzeniu, zamieniając materię nieożywioną w rośliny, zwierzęta oraz ludzi. Bez tego Światła materia pozostałaby martwa i niezmienna.

Światło życia nie może być odebrane i mierzone przy pomocy żadnego urządzenia. Dostrzegamy jedynie skutki jego działania, takie jak rozwój niemowlęcia, które rośnie z dnia na dzień i w każdej chwili swojego życia. W naszym świecie Światło to kreuje ewolucję. Ale ten pociąg ewolucji wlecze się we własnym tempie, w miarę jak Wyższa Siła operuje w materii i prowadzi ją do określonego z góry celu.

Kiedy wchodzimy do świata duchowego, możemy zbadać każdy etap ewolucji, nawet erę dinozaurów, gdyby nagle cię to zainteresowało, ponieważ wszystkie poprzednie formy są znane z góry i muszą się one urzeczywistniać zgodnie z różnymi kombinacjami sił otrzymywania i obdarzania.

Mądrość Kabały opisuje przyszłe etapy naszego rozwoju. Kiedy studiujemy ją z pragnieniem, aby się rozwijać, świadomie przyciągamy Światło życia, które na nas oddziałuje. W takim przypadku efekt tego Światła na nas określany jest jako działanie Światła Otaczającego. Obecnie możliwość takiego działania jest dostępna dla nas wszystkich.

Księga Zohar—przesmyk do ukrytego świata

Księga Zohar jest rzeką,
mającą swój początek w Ogrodzie Edenu
i przepływającą przez serce człowieka.

* * *

Bez Księgi Zohar
nie bylibyśmy w stanie skupić się
na wewnętrznym świecie duchowym.
Zawsze widzielibyśmy tylko powierzchowny obraz,
wizerunek świata materialnego,
świata rezultatów działań.

Najwybitniejszą księgą w mądrości Kabały jest Księga Zohar. Została ona napisana przez grupę dziesięciu wielkich kabalistów, grupę, która nie miała sobie równych w całej historii.

Zbudowali oni most z języka, informacji, uczuć, sił oraz świateł pomiędzy sposobem, w jaki rozumiemy i odczuwamy nasz świat, a rozumieniem świata ukrytego przed nami.

Kiedy studiujemy Księgę Zohar i staramy się doświadczyć stanu, jaki kabaliści próbują nam przekazać, jesteśmy niczym małe dzieci z szeroko otwartymi oczami i buzią, które z pasją absorbują wszystkie słowa matki. Nie rozumiemy tych słów, ale patrzymy na nie i wyrażamy naszą radość za pomocą pewnych ruchów.

Od strony naszego wnętrza, od niezbadanej warstwy naszej podświadomości zaczyna się pojawiać w nas nowa przestrzeń, nowy świat, do którego stopniowo się przyzwyczajamy. W ten sposób to, co było dotychczas ukryte, staje się stopniowo ujawniane.

Właściwie Księgi Zohar się nie "studiuje"; jest ona nam objawiana poprzez naszą tęsknotę, poprzez naszą gotowość do odczucia ukrytego świata.

Uzasadnionym jest to, że kiedykolwiek kabaliści piszą na temat Księgi Zohar, nie używają nazwy Księga Zohar, ale wyłącznie "Księga". Czyniąc tak, dają nam do zrozumienia, iż nie istnieje żadna inna książka na świecie!

Znajomość z samym sobą

*Wyjątkowość Księgi Zohar zawiera się w jej
zdolności, aby zabrać człowieka, który tego pragnie,
kimkolwiek jest i gdziekolwiek się znajduje,
i wprowadzić go do świata duchowego.*

Pytanie: Zdarzyło mi się obserwować lekcję, jaką Pan przeprowadził dla swoich uczniów na temat *Księgi Zohar* oraz innych pism kabalistycznych. Nie zrozumiałem zbyt wiele, ale czułem, iż było w tym coś wyjątkowego. Czy jest jakiś sens w oglądaniu lekcji, nawet bez zrozumienia?

Oczywiście. Oglądając te lekcje, powodujemy działanie na sobie Światła Otaczającego nawet bez intelektualnego zrozumienia studiowanego materiału. Mówi się wtedy o tym, iż to „serce rozumie”.

Ogólnie rzecz biorąc, podczas studiowania *Księgi Zohar* napotykamy wiele rzeczy, które nie są dla nas jasne. Stopniowo się z nimi zapoznajemy, ale w rzeczywistości nie jest to aż tak ważne.

Możemy porównać ten proces do sytuacji z małym dzieckiem, które widzi wokół siebie wiele nowych i nieznanych rzeczy. Chociaż ono nie wie, do czego są one potrzebne, w ten sposób, bez zrozumienia tego, jak się to dzieje, zaczyna poznawać świat w instynktowny sposób, czysty i niewinny.

Nie ma potrzeby obawiać się niezrozumienia materiału lub tego, iż nie kojarzy się, jak jedno odnosi się do drugiego. Po prostu musimy słuchać, dotykać wszystkiego, płonąć ogniem pragnienia od wewnątrz i chcieć zrozumieć. Jest to jedyny sposób, aby poznać świat - nasz świat oraz świat duchowy.

Księga Zohar i wszystkie pisma Kabały zwracają się ku wewnętrznym siłom w nas. Pomagają nam one stopniowo zapoznawać się z nimi. W miarę jak się rozwijamy, dostajemy więcej okazji, aby pracować z tymi siłami, aby zmieniać je i wykorzystywać w sposób prawidłowy.

Światło Chasadim (Miłosierdzia) pośrodku morza Światła Chochma (Mądrości)

Istniejemy w ustalonym stanie, zwanym *Ein Sof* (Nieskończoność). Stwórca pragnie napełnić Światłem bez ograniczeń, abyśmy byli w stanie rozumieć i czuć „od jednego końca świata do drugiego końca". Problemem jest to, że jesteśmy ograniczeni. Brakuje nam zmysłu, dzięki któremu będziemy mogli dostrzec całą rzeczywistość.

Posiadamy ciało, które jest pewnego rodzaju zmysłem integrującym. W nim samym znajduje się pięć poszczególnych zmysłów, poprzez które odczuwamy tylko ten świat.

Niemniej istnieje jeszcze inny zmysł, którego obecnie nie odczuwamy. Nazywa się on „dusza". W niej znajduje się pięć indywidualnych zmysłów, zwanych *Keter, Chochma Bina Tiferet* i *Malchut*. Kiedy odkryjemy naszą duszę, dzięki tym zmysłom odczujemy świat duchowy.

Jest tylko jedna rzecz, której nam brakuje, aby odkryć nasze dusze, poczuć, iż nawet teraz znajdujemy się w świecie *Ejn Sof* (Nieskończoności), że wszystko wokół nas świeci i nie istnieją żadne ograniczenia – jest to Światło *Chasadim* (Miłosierdzia). Światło *Chasadim* jest miłością, obdarzaniem, podnoszącym nas ponad ego.

Z punktu widzenia Kabały znajdujemy się obecnie w morzu Światła *Chochma* (Mądrości), ale możemy je odkryć tylko w takim stopniu, w jakim otwieramy się na Światło *Chasadim*.

Jeżeli istnieje jakakolwiek presja ze strony Światła *Chochma*, a nie ma Światła *Chasadim* w duszy, dzięki któremu może ona się otworzyć i świecić, wtedy następuje ciemność.

Nasz punkt w sercu jest niczym kropla „nasienia duszy". Studiowanie Kabały przyciąga do niego Światło Otaczające i stopniowo tworzy w nim Światło *Chasadim*. W ten sposób dusza ewoluuje i napełnia się Światłem *Chochma*.

Niekończąca się przyjemność

Mądrość Kabały zajmuje się sposobem otrzymania całej obfitości, jaka jest dla nas przeznaczona (w języku hebrajskim Kabała oznacza „otrzymywanie"). Wyjaśnia ona, w jaki sposób mamy otrzymywać i przekazywać przez siebie ogromną i wieczną przyjemność.

Wieczna - ponieważ kiedy przekazujemy przez siebie napełnienie wszystkich dusz, nie wyczerpujemy się. Jest to tak, jak w przypadku matki, która kocha wszystkie swoje dzieci i cieszy się darami, które może przekazać im wszystkim.

Celem stworzenia jest radowanie się

Pytanie: Nadal nie rozumiem, co mogę osiągnąć dzięki miłości do innych.

Miłość do innych nie jest celem samym w sobie; jest środkiem do celu. Celem Stworzenia jest radowanie się! Ale aby naprawdę móc się cieszyć, potrzebne nam są „duże naczynia". Naczynia, czyli olbrzymie pragnienia przyjemności, aby mogły być wypełnione obfitością.

Urodziłem się z bardzo małym naczyniem, malutkim. Jem trochę, przestaję i nie chcę już więcej. Biegnę do innej fizycznej przyjemności, cieszę się nią i to się kończy. Idę później coś obejrzeć i to też się kończy... Nie mogę otrzymać żadnej większej przyjemności niż ta, jaką aktualnie otrzymuję.

Kiedy słyszę, iż celem Stworzenia jest radowanie się, to co właściwie mogę sobie wyobrazić? Podanie mi na talerzu olbrzymiego, wielokilogramowego steku, który sprawi mi tak wielką przyjemność, że aż eksploduje? Moje naczynie nie jest w stanie niczego takiego pomieścić. Cóż więc mogę zrobić?

Ci, którzy już przeszli przez ten proces, wyjaśniają, iż niemożliwe jest otrzymanie większej dawki przyjemności do naczynia, niż ta, którą aktualnie otrzymuje. Ale jeśli uda mi się go rozszerzyć, wtedy będę w stanie uzyskać więcej.

W jaki sposób możemy poszerzyć nasze naczynie? Poprzez nabycie naczyń zewnętrznych. Mogę otrzymywać i przekazywać nieskończoną przyjemność poprzez siebie do tych zewnętrznych naczyń.

Tak więc miłość do innych, tak jak ją obecnie postrzegamy, jest bardzo niejasnym pojęciem. W rzeczywistości nie ma tutaj żadnych innych. Są to jedynie moje własne naczynia, które wydają mi się zewnętrznymi, abym mógł przyłączyć je do siebie, a tym samym wspiąć się do poziomu Stwórcy.

Emocje i stany

Nie odgaduj, lecz kontroluj swoje przeznaczenie!

Człowiek nie wie,
co stanie się z nim za chwilę.
Trudno zaakceptować taką sytuację.

Ale ja chcę czegoś więcej, niż tylko znać przyszłość.
Chcę nią zarządzać.

Nie potrzebuję wróżbitów,
lecz pewien wyższy duchowy instrument,
aby wskazał mi moją przyszłość.

Pragnienie, które włącza Światło

Ciemność to brak połączenia z innymi.

Jak w obwodzie elektrycznym,

którego elementy są rozłączone,

uniemożliwiając przepływ prądu.

Jeśli naprawdę chcemy się połączyć,

to pragnienie włączy Światło.

Wstyd - motor naszego rozwoju

Aby uniknąć poczucia wstydu, musimy nieustannie dostosowywać się do wzorców zachowań.

Wszystko, co robimy w naszym świecie, poza zapewnianiem sobie rzeczy niezbędnych, jest powodowane wyłącznie naszą potrzebą unikania, rekompensacji poczucia wstydu.

Dlaczego tak jest? Wynika to z naszego korzenia, z początku Stworzenia, ze stanu na długo poprzedzającego formowanie się naszego świata i wszystkiego, co jest w nim.

Stwórca (pragnienie obdarzania) wykreował stworzenie (pragnienie otrzymania) i napełnił je Światłem (przyjemnością). Po tym, jak stworzenie nacieszyło się już Światłem, zdało sobie sprawę, iż istnieje jakiś wyższy element, napełniający go tym Światłem, co spowodowało, iż zaczęło ono odczuwać wstyd. Wstyd jest pierwszą reakcją stworzenia, które odczuło Stwórcę; stąd też jest to jedyna rzecz, jaką musimy w sobie zrekompensować, aby zrównać się ze Stwórcą.

Jest to także powód, dla którego w naszym świecie, będącym odbiciem Wyższego Świata, poczucie wstydu we wszystkich jego formach zarządza każdym naszym działaniem.

Dlaczego czujemy się samotni
(nawet kiedy jesteśmy otoczeni ludźmi)?

Samotność istnieje po to,

abyśmy mogli poczuć potrzebę

prawdziwego połączenia i powiązania

ze wszystkimi innymi ludźmi,

a także ze Stwórcą,

który wtedy napełni nas Światłem.

Myśli na temat bólu

Ból jest reakcją organizmu na różnorodne zakłócenia pracy ciała. Ból ostrzega przed niebezpieczeństwem, zmusza nas do podjęcia działania, aby odsunąć się lub przybliżyć, aby odnaleźć przyczynę bólu, aby wyciągnąć wnioski i przenieść się do nowych stanów.

Ból jest siłą, która wpływa na nasze ego.

Ból istnieje, bo czuję się źle, ponieważ inni czują się źle, albo dlatego, iż inni czują się dobrze.

Ból „popycha" nas od tyłu i zmusza do ewolucji.

Ból, który wynika z poczucia pustki, ciągnie nas naprzód, ku napełnieniu.

Wszystkie uczucia wynikają z konfliktu, kontaktu i nacisku - z bólu.

Przyjemność odczuwa się dopiero po odczuciu bólu, cierpienia lub po stanie oczekiwania.

Przezwyciężamy ból tylko wtedy, gdy podnosimy się ponad własne ego. Nagle zdajemy sobie sprawę, że możemy istnieć bez odczucia braku, ale w stanie całkowitego napełnienia, który nie opiera się na odczuciu bólu. Jest to napełnienie, które nie wynika z potrzeby, ale z pełni, z miłości.

Światło, które nigdy nie zgaśnie

Kiedy docieramy do połowy naszego życia, zaczynamy stopniowo zbliżać się do śmierci.

Nasze egoistyczne pragnienie coraz bardziej godzi się z rzeczywistością, dopóki pragnienie postępu nie zniknie całkowicie - i dlatego umiera. Jednakże to nie nasze ciało umiera, ale nasze pragnienie wygasa i traci swoją siłę, aby pchać nas do przodu.

Niemniej jednak, jeśli zaczniemy rozwijać się duchowo, otrzymamy energię i pragnienie czynienia postępów, jak dzieci - zawsze chętne, nieustannie w stanie ożywienia.

W stronę prawdziwego lęku

Ktokolwiek otworzy *Księgę Zohar*, stwierdzi, iż pierwszą naprawą, jaką musimy przeprowadzić, jest osiągnięcie prawdziwego lęku.

Ludzie zwykle doświadczają dwóch rodzajów lęku: dotyczącego tego świata (zdrowie, bogactwo, dzieci itd.) lub przyszłego świata (przygotowując się do wstąpienia raczej do nieba niż do piekła).

Proces rozwoju duchowego wprowadza nas w trzeci rodzaj lęku – lęku prawdziwego – obawy przed tym, czy uda nam się upodobnić do Stwórcy i osiągnąć Jego właściwość miłości i obdarzania w stosunku do innych ludzi i Niego samego.

Studiowanie Kabały kształtuje w nas postrzeganie jedności wszystkiego i zamienia lęk materialny w prawdziwy lęk.

Duma

Pytanie: Co mamy zrobić, kiedy ludzie w związkach odwracają się do siebie plecami i żadne z nich nie jest w stanie wyciągnąć ręki do drugiego?

Pycha jest największym i najwyższym stanem naszego ego. Nie jesteśmy w stanie zrezygnować z naszej dumy, ponieważ czujemy, że to anulowałoby nas i pozbawiłoby nas naszej wyjątkowości.

Jednakże może się to zmienić, jeśli będziemy w stanie zaszczepić trzeci element do tej podwójnej konfiguracji. Tym trzecim elementem jest Stwórca. W tym względzie zostało powiedziane: „Mężczyzna i kobieta: jeśli zasługują, Boskość przebywa pomiędzy nimi. Jeśli nie zasługują, pochłania ich ogień".

Jak się to robi? Nie musimy starać się wyeliminować naszej dumy, ego, niezgodności i różnic między nami. Ponadto nie musimy starać się zrozumieć siebie nawzajem i pogodzić się. Jeśli zdecydujemy się tylko na to, będzie to jedynie psychologia, która następnym razem doprowadzi do wybuchu prosto w twarz.

Zamiast tego tworzymy pewien trójkąt. Każdy z nas jest inny, nie zgadzamy się ze sobą i każdy z nas nosi swoją własną dumę. Ale mamy wspólny *wyższy* cel - objawienie Stwórcy i dla osiągnięcia tego celu możemy się ze sobą związać.

Myśl jest sługą pragnienia

Stwórca stworzył pragnienie otrzymywania przyjemności, radości i nic więcej. Większe pragnienie przyjemności zarządza mniejszym pragnieniem przyjemności.

Jeśli tak jest, to czym są myśli, intelekt? Myśli pomagają nam przenieść się z jednego pragnienia do drugiego, z jednego stanu do kolejnego, od jednej konkretnej formy pragnienia do innej formy pragnienia.

Pragnienie jest materiałem stworzenia, a myśl to sposób, za pomocą którego możemy wykorzystać te pragnienia, zintegrować je w sobie, poruszać się w polu siłowym tych pragnień od większego pragnienia do mniejszego lub odwrotnie, tak jak odbywa się ruch w stronę magnesu lub w przeciwnym do niego kierunku.

Bez względu na to, jakie jest moje pragnienie w tej chwili, ono zawsze panuje nade mną.

Dlatego muszę wykorzystać siłę myśli, aby pomogła zrozumieć i przekonać mnie, iż moje pragnienie, mój stan, moja obecna sytuacja jest zła i że istnieją dla mnie lepsze warunki.

W mądrości Kabały analizowanie własnego aktualnego pragnienia za pomocą myśli nazywa się „rozpoznanie zła w sobie", a myśl ta rozwija się we mnie dzięki działaniu wyższego Światła.

Umysł i serce na przemian dominują w nas, ale zawsze poruszamy się według takiego samego wzorca: pragnienie – myśl – pragnienie.

Wiecznie młodzi

Kabała zajmuje się duszą.
To jedyny organ, który się nie starzeje.
Im więcej się w nią angażujesz,
tym młodszy się stajesz!

Nawet jest tak,
że czasem czujesz się nieswojo z innymi.
Twoje zachowanie cechuje dociekliwość,
kiedy wszyscy wokół ciebie są tak poważni,
tak pełni siebie, konserwatywni,
a ty - wieczne dziecko, zawsze młode.

Budowanie nowego świata

Dlatego wybierz życie

Kiedy w końcu wszystko będzie dobrze?

Kiedy każdy z nas
będzie myśleć
nie o sobie,
ale o wszystkich

Wiele osób zwraca się do mnie ze swoimi obawami dotyczącymi przyszłości. Nasza przyszłość zależy od zrozumienia tego, co się dzieje. Kiedy zrozumiemy zamysł stworzenia, odkryjemy, że jesteśmy szczęśliwi, pewni siebie i spełnieni.

Tak naprawdę nie posiadaliśmy wolnej woli aż do nadejścia XXI wieku. Rozwialiśmy się pod przymusem, w zautomatyzowany sposób, wraz z ciągłym podnoszeniem poziomu naszych egoistycznych popędów.

Teraz, kiedy ego człowieka osiągnęło swój szczyt, pojawia się okazja do wolności wyboru. Teraz możemy wznieść się ponad naszą egoistyczną naturę i przestać być od niej zależnymi.

Jeśli zdamy sobie sprawę z nadarzającej się okazji, wzniesiemy się bezpośrednio (i w sposób najmniej bolesny) do innej natury, innego wymiaru rzeczywistości, innego odczucia życia - w pełnej objętości rzeczywistości, w wieczności i doskonałości.

Plan natury zostanie wykonany bez względu na to, czy obierzemy drogę świadomego przejścia do wyższego wymiaru, czy nie, tak jak to się działo dotychczas. Jednakże jeśli bez naszego udziału, to plan ten zostanie zrealizowany wraz z nieuniknionym, dalece nieprzyjemnym wpływem „prasy ewolucji" na nas samych.

Jesteśmy jedynymi inteligentnymi stworzeniami na świecie i wszystko w nim zostało stworzone specjalnie dla nas, ponieważ jesteśmy jedynymi istotami, które mogą pojawić się w wyższym wymiarze.

Zadanie jest poważne, lecz cel jest wspaniały. Obecny stan ludzkości wymaga poszukiwania, dlatego jest to dla nas dobra sytuacja. Z tego powodu nie odnoszę się do niego z lękiem, lecz z wielką nadzieją.

Budowanie świata

Dajemy naszym dzieciom
bawić się klockami Lego, układać puzzle
i rozwiązywać zadania,
krótko mówiąc - tworzyć.
Jest to sposób, w jaki one się uczą.

Stwórca wykreował stworzenie jako doskonałe.
Jednak , aby dać nam szansę wspiąć się do Jego poziomu,
całkowicie je rozbił
aż do stanu naszego świata,
abyśmy mogli ponownie stworzyć ten doskonały stan.

Od oddzielonych dusz do stanu jedności

Tylko w harmonijnym połączeniu
pomiędzy częściami ciała
tworzy się zdrowe życie.

Tak w prawidłowym połączeniu pomiędzy ludźmi
ujawnia się związek,
w którym kryje się wyższe życie,
poczucie wieczności i doskonałości.

Impas, do którego doszliśmy dzisiaj,
podkreśla potrzebę przejścia od stanu,
gdzie dusze są oddzielone przez ego,
do stanu jedności,
gdzie odkrywamy życie wyższe.

Ekologia - zmiana percepcji

„Kochaj bliźniego jak siebie samego" -
takie jest prawo Natury,
jako że Natura jest żywym organizmem,
gdzie wszystkie jego części są ze sobą połączone.

Wszystkie nasze problemy wynikają z naszego postrzegania siebie jako odseparowanych od przyrody, z oddzielenia człowieka od jego otoczenia.

Takie postrzeganie przyrody sprawia, że uważamy wszystko, co nas otacza, za całkowicie podporządkowane człowiekowi. Nawet jeśli dbamy o środowisko, jest to jedynie dla naszego własnego dobra, a nie z uwagi na integralność systemu Natury.

Naruszenie równowagi zamkniętego systemu Natury wywołuje negatywne sprzężenie zwrotne. A ponieważ jesteśmy tworem Natury, cierpimy na wszystkich poziomach naszego istnienia.

Dlatego też musimy zmienić nasze podejście postrzegania przyrody w kategorii „ochrony środowiska" na postrzeganie jej w kategorii „człowieka jako integralnej części Natury".

Według Kabały nasze myśli i pragnienia są najpotężniejszymi siłami w rzeczywistości i są główną przyczyną wszystkich zmian w przyrodzie.

Problem polega na tym, że ukryty jest przed nami wpływ naszych myśli na przyrodę.

W rezultacie mierzymy tylko nasz wpływ zewnętrzny, taki jak emisje gazu i zanieczyszczenie odpadami, podczas gdy przyczyna wewnętrzna ciągle czeka na naprawę u źródła.

Ogólnoświatowy głód nie jest koniecznością

Warte naszego wysiłku jest zrozumienie,
że ochrona środowiska
przede wszystkim oznacza ochronę samych siebie
przed naszym ego.
A im szybciej tak się stanie, tym lepiej.

Nasza planeta może wyżywić
nieograniczoną liczbę ludzi,
jeśli nie będą oni jej przeszkadzać
i jeśli połączą się
na obszarze całej planety
jak organy jednego, kompletnego ciała.

Epoka kamienia w wydaniu high-tech

Z jednej strony ego jest siłą, która prowadzi do rozwoju, z drugiej zaś strony intensyfikacja ego zagraża nam wszystkim, przybierając formę kryzysu, terroru, a nawet wojny światowej, natomiast my sami jesteśmy bezradni w obliczu tej sytuacji. Jeśli spojrzymy w przyszłość, wydaje się, iż wracamy do epoki kamienia w nowoczesnym wydaniu.

Jak możemy się wydostać z tego impasu? Kabała wprowadza do naszego światopoglądu pojęcie „hierarchii sił", które rządzą każdym z nas z osobna, a także całym społeczeństwem jako całością.

Kabała nie eliminuje ego, ale raczej ubiera je w szaty bardziej globalnej siły - intencji (miłości i obdarzania) ponad pragnieniem (otrzymywania). Jest to szersze postrzeganie rzeczywistości, która wykracza poza ograniczenia percepcji zadawalania jedynie samego siebie.

Kabała oferuje przełomową metodę koordynacji pomiędzy dwiema przeciwnymi siłami. Wyjaśnia, iż te dwie siły mają zasadniczo odmienny charakter - naturę Stwórcy i naturę stworzenia. Kiedy nie konkurują ze sobą, lecz się jednoczą, powstaje doskonały i wieczny stan.

Mądrość Kabały w pigułce

Stworzenie świata

Pytanie: W jaki sposób Kabała odnosi się do sprzeczności pomiędzy stworzeniem świata 5770 lat temu (rok 2009) a czasem „Wielkiego Wybuchu"?

'Wielki Wybuch' miał miejsce około 14 miliardów lat temu. Jego przyczyną była iskra wyższego Światła, która osiągnęła swój najniższy poziom - egoizm.

Iskra ta zawierała w sobie całą materię i energię naszego świata i z niej został stworzony cały wszechświat.

Planeta Ziemia została utworzona około 4,6 miliarda lat temu wskutek kondensacji cząstek w układzie słonecznym. Wraz z upływem czasu skorupa Ziemi uległa schłodzeniu, uformowała się atmosfera i rozpoczęło się życie. Żadne z tych zjawisk nie było przypadkowe. Wszystko, co się dzieje, jest manifestacją informacji, która wcześniej była obecna w początkowej iskrze Światła.

Po etapie nieożywionym pojawiły się rośliny, następnie zwierzęta, a na końcu człowiek. Interpretacja ewolucji na podstawie jej zewnętrznego przejawu - iż jeden gatunek ewoluuje z innych gatunków, które następnie ewoluują w formy jeszcze większej liczby gatunków - jest nieprawidłowa.

Przyczyną pojawienia się każdego szczegółu w przyrodzie jest informacja, jaka była początkowo 'zakorzeniona' w iskrze Światła. Kabała wyjaśnia ewolucję jako proces realizacji informacyjnych genów zwanych *Reszimot* (wspomnienia).

Człowiek rozwinął się od małpy setki tysięcy lat temu, jak pisze ARI (Izaak Luria) w księdze *Drzewo życia*. Jednakże dopiero 5770 lat temu (biorąc pod uwagę rok pisania tej książki 2009) obudził się po raz pierwszy punkt w sercu człowieka. Imię tego człowieka brzmiało Adam i pochodziło z wersetu *Adame la'Elion* ("Będę jak Najwyższy" – Izajasza, 14:14). Imię Adama odzwierciedlało jego pragnienie upodobnienia się do Stwórcy.

Dzień, w którym Adam odkrył świat duchowy, nazywany jest „Dniem Stworzenia". Było to dokładnie wtedy, kiedy ludzkość po raz pierwszy w swojej historii dotknęła świata duchowego, dlatego właśnie jest to punkt w czasie, od którego zaczyna się chronologia żydowska. Zgodnie z planem stworzenia w okresie obejmującym 6000 lat wszyscy musimy osiągnąć poziom Stwórcy. Nazywać się to będzie „końcem naprawy" (ludzkiego ego).

Mała wioska, globalne ego

W całej historii ludzkości był tylko jeden okres, w którym mądrość Kabały była dostępna dla wszystkich. Było to w starożytnym Babilonie, mieście, które funkcjonowało jak mała wioska, gdzie każdy człowiek mógł mieć wpływ na życie wszystkich innych mieszkańców. Społeczeństwo Babilonu istniało jako pojedynczy system, stąd też potrzeba mądrości Kabały, która uczy, w jaki sposób wprowadzać w życie prawo „Miłuj bliźniego swego jak siebie samego".

Patriarcha Abraham, rodem z Babilonu, wzywał do realizacji tego prawa, ale tylko nieliczni go słuchali. Tylko ci, u których ujawnił się punkt w sercu, poszli za nim i stosowali mądrość Kabały. Odzwierciedlając swoje najgłębsze pragnienia, nazwali oni siebie „Izrael", od słów *Jaszar El* (prosto do Boga), czyli bezpośrednio do osiągnięcia właściwości Stwórcy.

Wszyscy pozostali mieszkańcy Babilonu woleli jednak się nie jednoczyć, lecz trzymać się z dala od siebie. Rozproszyli się oni po powierzchni ziemi i z pokolenia na pokolenie podążali za pragnieniami, które naturalnie pobudzało ich ego.

Grupa Abrahama powiększyła i rozrosła się do wielkości narodu – narodu Izraela. Niemniej 2000 lat temu nagle pojawiło się w nas ogromne ego, które sprawiło, iż spadliśmy ze stopnia miłości do innych do bezpodstawnej nienawiści. Straciliśmy poczucie życia jako połączonego systemu i w rezultacie zaniknęło ogarniające uczucie miłości, a sam Stwórca został przed nami ukryty. Tylko nieliczni ludzie o unikalnych cechach dążyli do ujawnienia

Stwórcy, angażowali się w mądrość Kabały i rozwijali ją z pokolenia na pokolenie, oczekując czasu, kiedy wszyscy będą jej potrzebować.

Ostatnimi czasy okrąg zaczął się zamykać i dwie drogi rozdzielone w Babilonie zaczynają się łączyć. Znowu świat staje się małą wioską i znowu jesteśmy egoistami. Ale aktualnie nie mamy już gdzie uciec. Staliśmy się współzależni do takiego stopnia, iż jesteśmy po prostu zmuszeni wprowadzać w życie prawo „Miłuj bliźniego swego jak siebie samego".

Mądrość Kabały uczy, jak osiągnąć miłość do innych, aby przetrwać. Dziś jest ona jeszcze raz ujawniana wszystkim, aby nauczyć nas, w jaki sposób możemy prosperować w nowym świecie.

Autentyczna Kabała

Mądrość Kabały była ukryta przez tysiące lat, co okazało się być podatnym gruntem do pojawiania się różnych teorii co do jej istoty. Wszystkie one były niepoprawne. Obecnie studiowanie autentycznej Kabały jest dostępne dla wszystkich, bez żadnych ograniczeń czy też warunków wstępnych. Jednak ważnym jest, aby wiedzieć, że mądrość Kabały zajmuje się wyłącznie naprawą człowieka.

„Mądrość Kabały przedstawia ni mniej, ni więcej, jak porządek schodzenia korzeni, uwarunkowany przez związek przyczynowo-skutkowy, który podlega stałym i absolutnym prawom, które są związane ze sobą i ukierunkowane na jeden wzniosły cel – odkrycie Stwórcy stworzeniom na tym świecie. Cała ludzkość jest zobowiązana, aby w końcu dojść do tej ogromnej ewolucji".

(Baal HaSulam, „Istota nauki Kabały")

Drabina do nieskończoności

Mądrość Kabały uczy nas, iż żyjemy w wielowarstwowej rzeczywistości.

Rzeczywistość dzieli się na dwa podstawowe poziomy - nasz świat i świat wyższy, ukryty.

Wyższy świat podzielony jest na 125 różnych stopni egzystencji, znajdujących się jeden ponad drugim niczym drabina ze 125 szczeblami.

Obecnie istniejemy poniżej najniższego szczebla tej drabiny. Punkt w sercu nakazuje nam wspiąć się na pierwszy jej szczebel.

Kiedy odkrywamy, iż istnieje kolejny, wyższy szczebel, budzi się w nas pragnienie, aby go osiągnąć i wspiąć się po duchowej drabinie aż do osiągnięcia jej szczytu.

Taka forma rozwoju doprowadzi nas do osiągnięcia stanu nieskończoności.

Mądrość tego, co ukryte

Badamy nasz świat poprzez naukę i odkrywamy to, co jest przed nami ukryte.

Wiedza, którą gromadzi nauka, pomaga nam żyć na tym świecie. Nawet jeśli nie wiemy nic z własnego doświadczenia życiowego, ufamy naukowcom, lekarzom i innym specjalistom. Chociaż nauka nie odkryła jeszcze wszystkiego, co istnieje w naszym świecie, wraz z upływem czasu coraz więcej z tego, co nieznane, zostaje ujawnione.

Istnieje jednak jeszcze inna część rzeczywistości, świat ukryty, wyższy świat, którego nauka nie jest w stanie odkryć. Aby być w stanie odczuć tę część rzeczywistości, człowiek musi naprawić swoją naturę, swoje ego, i nabyć właściwość miłości i obdarzania. Tylko wtedy zaczyna odczuwać ukryty świat i badać go w sposób naukowy.

Różne systemy wierzeń i religie są teoriami dotyczącymi ukrytego świata (Boga) i tego, do czego zmusza nas ten świat. Teorie te są różnorodne, często sprzeczne ze sobą i istnieją właśnie dlatego, iż ta część rzeczywistości jest przed nami ukryta. Jednakże żadna z nich nie oferuje praktycznych zaleceń w kwestii odkrywania świata duchowego (ujawniania Boga).

Kabaliści to ludzie, którzy osiągnęli właściwość miłości i obdarzania, dzięki której odkryli ukryty świat. Opisują oni strukturę wyższego świata i oferują możliwość ujawnienia go każdemu, kto jest tym zainteresowany. Nie jesteśmy zobowiązani do zmiany naszego sposobu życia, ponieważ nie ma związku pomiędzy fizycznymi działaniami a nabyciem właściwości miłości i obdarzania. W kabale nie chodzi o wiarę w Boskość, ale o jej objawienie.

Dręczące pytanie

Podstawowym podręcznikiem, za pomocą którego studiujemy mądrość Kabały, jest księga zatytułowana *Nauka dziesięciu sfirot*. W tej księdze Baal HaSulam interpretuje słowa ARI (Izaak Luria), które są kluczowe dla rozwoju dusz w naszym pokoleniu.

Baal HaSulam otwiera przedmowę do księgi, wprowadzając różne wątpliwości, jakie pojawiają się u ludzi w kwestii studiowania Kabały. Nie odnosi się on bezpośrednio do tych wątpliwości, ale raczej zwraca się gdzie indziej, ku pytaniu dotyczącym sensu życia:

„Rzeczywiście, jeśli nastroimy nasze serca, aby odpowiedzieć na jedno bardzo znane pytanie, jestem pewien, że wszystkie inne pytania i wątpliwości znikną z horyzontu, a wy zobaczycie, że ich już nie ma. To dręczące nas pytanie jest pytaniem, o które pyta cały świat: „Jaki jest sens mojego życia?"

„Innymi słowy, te policzone lata naszego życia, które kosztowały nas tak dużo, oraz te liczne bóle i udręki, które dla nich znosimy, aby wypełnić je do końca - któż jest tym, który czerpie z tego radość? A jeszcze dokładniej, kogo ja sam zadowalam?"

„Prawdą jest, że historycy znużyli się już myśleniem o tym, a szczególnie w naszym pokoleniu. Nikt nawet nie chce już tego rozważać".

„Jednakże pytanie to pozostaje i jest tak gorzkie i uparte, jak zawsze. Czasem przychodzi do nas nieproszone, puka do naszych umysłów i upokarza nas do samej ziemi, zanim znów nie zastosujemy tej słynnej sztuczki, polegającej na bezmyślnym płynięciu z prądem życia, jak zawsze".

(Baal HaSulam, „Wstęp do Nauki *dziesięciu sfirot*", pkt. 2)

**Mądrość Kabały
jest dla każdego,
kto nie może już dłużej ignorować pytania
o sens życia.**

Suplement

Wywiad z dr. M. Laitmanem

Pytanie: Co dla Pana jest najważniejsze w życiu?

Odpowiedź: Rozpowszechnianie metody naprawy ludzkiego ego na całym świecie. Ego jest źródłem całego zła na świecie i tylko jego naprawa przyniesie światu szczęście.

Pytanie: Co jest istotą naszego życia?

Odpowiedź: Istotą życia każdego człowieka jest jego naprawa aż do momentu osiągnięcia przez niego właściwości miłości w stosunku do całego otoczenia.

Pytanie: Co powoduje pedofilię, niezadowolenie z życia, wojny, terroryzm, korupcję, biedę, ekstremizm narodowy i religijny, no i dlaczego nikt nie może pokonać tego zła?

Odpowiedź: Całe zło na świecie rodzi się z egoistycznej natury człowieka. Od zarania dziejów ludzkie ego nieustannie rosło i rozwijało się, zmuszając ludzkość do tworzenia i rozwijania społeczeństw, rządzenia i podporządkowywania sobie całej natury. Nie możemy powstrzymać ego samodzielnie i aktualnie dostępnymi środkami.

Pytanie: Co może uratować Ziemię przed katastrofą ekologiczną?

Odpowiedź: Tylko zmiana w nastawieniu ludzi do środowiska, co oznacza do innych ludzi i całą naturę. Musimy przejść od nienawiści i pragnienia wykorzystywania wszystkiego i wszystkich do pragnienia obdarzania, do osiągnięcia wszechogarniającej miłości.

Tak szybko, jak to możliwe, powinien zostać powołany specjalny komitet ratowania Ziemi przed ludzką naturą, z dostępem do wszystkich mediów . Poprzez współpracę musi on nauczyć całą ludzkość właściwego współistnienia.

Pytanie: W jakim stanie chciałby Pan zobaczyć świat i całą ludzkość?

Odpowiedź: W przyszłości każdy z nas odkryje, że jesteśmy pewnymi elementami, które są ze sobą połączone i całkowicie zależne od siebie w ramach jednego systemu, tak jak małe trybiki w ogromnej maszynie. Każde działanie i myśl będą pochodziły z całkowitej wzajemnej zależności, która zostanie nam objawiona, i to zmusi wszystkich do osiągnięcia wspólnego toku myślenia, planowania oraz działania po to, aby zmienić świat.

Pytanie: Jakie jest Pana ulubione powiedzenie?

Odpowiedź: Życie może istnieć tylko wtedy, kiedy wszystkie elementy pozostają w pełnej harmonii, jak w jednym, doskonałym ciele. Powiedzenie „Kochaj bliźniego swego jak siebie samego" ucieleśnia to znakomicie. To powiedzenie nie odnosi się do pożądanego poziomu moralnego, ale do prawa, które podtrzymuje całe życie.

Nowa edukacja dla nowego świata

1. Globalizacja zamieniła się w czynnik, który wpływa na finansowy, polityczny i kulturowy rozwój ludzkości. Obejmuje rynek międzynarodowy, wszystkie procesy społeczne i życie każdego z nas. Nie rozwiązuje jednak problemów politycznych, finansowych, społecznych, kulturowych czy też problemów religijnych.

2. Aby pomóc ludziom przystosować się do nowej rzeczywistości, wymagana jest nowa forma edukacji. Do tej pory edukacja pozostawała elementem egoistycznej struktury i podzielonego świata. Nowa edukacja musi przyjść w sposób naturalny, a nie w wyniku bolesnego wpływu natury na nas, zmuszając nas do zmiany sposobu myślenia, relacji, jakie tworzymy ze sobą, a także abyśmy dostosowali je do globalnej rzeczywistości .

W przeciwieństwie do poprzednich zmian, których doświadczaliśmy w całej historii, tym razem dostajemy szansę wykonania tej zmiany samodzielnie, w sposób świadomy, a nie z przymusu.

3. Zamiana zwykłej kultury na globalną musi mieć miejsce bez użycia siły (do czego dotychczas byliśmy przyzwyczajeni). Na przykład obecnie zmuszamy nasze dzieci, aby uczyły się według starego systemu, mimo że są one już pokoleniem „nowej ludzkości". Instynktownie chcemy tłumić to, co nowe i do czego one w sposób naturalny dążą.

4. Obecnie, po raz pierwszy w historii, powinna się ujawnić wychowawcza rola wszystkich mediów. Zamiast bycia wątpliwym źródłem informacji, media muszą zdobyć zaufanie ludzi poprzez swój wkład w wykształcenie nowego pokolenia. Taka

jest dokładnie rola mediów, a następnie muszą wkroczyć instytucje edukacyjne.

Wszystkie zmiany w społeczeństwie powinny zaczynać się od dołu. Muszą one dotknąć standardów życia, zasad moralnych oraz tradycji kulturowo-religijnych. Nowe nie będzie uzurpować sobie miejsca starego, ale raczej będzie rozwijać się naturalnie i bezboleśnie dzięki odkrywaniu globalnego charakteru natury i społeczeństwa.

5. Edukacja kabalistyczna nie jest przymusowa, ponieważ nie ma potrzeby doprowadzenia wszystkich do jednolitego poziomu wiedzy i kultury. Wręcz przeciwnie, jest w niej miejsce dla wszystkich poziomów i kultur, ponieważ edukacja kabalistyczna podnosi ludzi ponad różnorodność kultur, ponad konflikty, jednocześnie wzmacniając jedność pomiędzy nimi.

Każdy człowiek będzie mógł zachować swoją własną religię, jak pisze Baal HaSulam w *Pismach ostatniego pokolenia*. Edukacja kabalistyczna zapobiega konfliktom i starciom między kulturami, ideologiami oraz narodami.

6. Chociaż Kabała prowadzi ludzi do wspólnej świadomości, wzywając wszystkich do działania jako tryby w jednym systemie, nie umniejsza jednak ona roli jednostki. Ostatecznie każda osoba znajdzie dla siebie odpowiednie miejsce w tym wielkim mechanizmie, w integralnym połączeniu między wszystkimi ludźmi, a wtedy zda sobie sprawę w pełni ze swojego potencjału, który otrzymała od natury.

Poprzez taką edukację jednolite zasady istnienia zostaną stworzone na całym świecie. Indywidualna świadomość zmieni się w świadomość grupową, a następnie we wszystko obejmującą świadomość całej ludzkości. Ponadto, jak pisze Baal HaSulam, nastąpi zatarcie granic i wyłoni się zjednoczona cywilizacja.

Odseparowanie od indywidualnych zwierzchnictw, zatarcie granic i utworzenie jednej władzy duchowej nie zostanie przeprowadzone pod przymusem, ale raczej w zgodzie ze świadomością o konieczności osiągnięcia równoważności właściwości ze Stwórcą (właściwości miłości i obdarzania).

Także edukacja masowa może pojawić się w programach telewizyjnych, a także w grach komputerowych i internetowych.

7. Globalizacja powoduje uczucie pewnej 'zwartości' świata. Jednakże świadomość jednolitości systemu dusz zmieni nasz świat w ciepłe i bezpieczne miejsce.